2014 개편 국어교과서

원고지 쓰기를 겸한
글씨 바로 쓰기

4-2

편집부편

와이 앤 엠

차 례

2014 개편 국어교과서

원고지 쓰기를 겸한

글씨 바로 쓰기

4-2

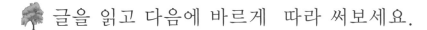 글을 읽고 다음에 바르게 따라 써보세요.

국어 가-8쪽

울보 바보 이야기

글:윤구병

옛날 어느 마을에 무서운 병이 돌았대. 무슨 병인데 그렇게 무섭냐고? 응, 그런 병이 있어. 눈알은 빨갛게 달아 오르는데 가슴은 얼음덩이처럼 꽁꽁 얼어붙는 병. 그래서 서로 쳐다보기도 싫어하고 이야기도 안 나누고 누가 곁에 오기만 해도 싫어서 몸서리가 나는 병인데, 이 돌림병이 온 마을을 덮친 거야.

이렇게 되자 마을에서 가장 나이가 많아서 마을 어르신 노릇을 하고 있는 할아버지는 걱정이 태산 같아. 별 수 없이 할아버지는 길을 떠나시기로 했어. 사람들 마음을 녹일 수 있는 약을 찾아 나서신 거지.

새벽에 일어나 문밖을 나서는데, 노새 한 마리와 반딧불이 하나가 따라나서. 노새는 수레로 돌을 나르다 크게 다쳐 다리를 몹시 절름거리는 늙은 노새야. 반디불이는 꽁무니에 매단 불이 희미하다고 동무들에게 놀림감이 되어 외톨이

4

가 된 애이고, 반딧불이가 앞장서서 날고, 노새가 할아버지를 태우고 절름거리면서 길을 떠났어.

할아버지는 이렇게 이 마을 저 마을 돌아다니시는데 어디나 마찬가지야. 무서운 돌림병이 온 나라를 휩쓸어서 모든 마을이 다 텅텅 빈 것처럼 손님이 와도 아무도 거들떠보지 않아.

할아버지 일행은 어느덧 깊은 산속에 접어들었어. 시냇물을 건너는데 때마침 봄이어서 시냇물에 연분홍 꽃잎이 떠내려와. 참 곱지. 오랫만에 노새도 시냇물로 목을 축이고, 반딧불이도 풀잎 그늘 밑에서 쉬고 있는데, 어, 고운 꽃잎 사이로 뭐가 떠내려오네. 눈여겨보니 댓잎으로 만든 조그마한 배야.

할아버지 일행은 시냇물을 따라 위로 위로 올라갔어. 점점 더 깊은 산속으로 들어간 거지. 한낮인데도 숲이 우거져서 어찌나 깜깜한지 반딧불이가 꽁무니에 희미한 불을 다시 달아야 했어. 노새도 숨을 헉헉대면서 절름거리는 다리를 한참 만에 다시 떼어놓곤 했어.

갑자기 앞이 환해졌어. 숲 사이로 숲에 둘러싸인 빈터가 보이고, 시냇가에서 댓잎으로 배를 만들어 물에 띄우고 있는 애가 있어. 얼마나 반가웠겠어. 그런데 어, 할아버지가 노새에서 내리자마자 그 애가 두 팔을 벌리고 달려오더니 늙은 노새의 절름거리는 다리를 꼭 붙들어 안고 "앙." 하고 울음을 터뜨리는 거야. 그러면서 조그맣게 부르짖어.

"불쌍해, 불쌍해."

6

그랬더니 놀라운 일이 일어났어. 노새는 그 자리에 주저앉고 싶을 만큼 기운이 빠져 있었는데, 그 애 눈물이 다리를 적시자마자 다시 기운이 솟아나는 거야. 그리고 절름거리던 다리도 멀쩡해졌어.

다음에는 반딧불이를 손바닥에 놓고 또 울음을 터뜨려.

"불쌍해, 불쌍해. 얼마나 외로웠니? 지금도 동무들이 보고 싶지?"

눈물이 반딧불이 몸에 떨어지자 바딧불이 꽁무니에서 갑자기 별빛처럼 초롱초롱한 불빛이 되살아났어.

할아버지가 이게 꿈인가 생시인가 멍하니 지켜보고 있는데, 어느새 할아버지보다 훨씬 더 늙으신 할머니 한 분이 나타나서 할아버지 일행을 맞으시는 거야. 할머니 얼굴에 피어난 웃음이 어찌나 따뜻한지, 할머니가 사시는 집 둘레에 피어난 온갖 예쁜 꽃이 다 그 웃음을 보고 피어난 것 같았어.

할머니가 할아버지에게 말씀하셨어.

"기다렸어요. 그러잖아도 이 세상 떠날 날이 오늘내일하는데, 저 아이를 어찌하나 걱정하고 있었다오. 오늘 밤 푹 쉬고 내일 저 아이와 함께 집으로 돌아가세요. 다 잘될 거예요."

이 말을 듣자 할아버지는 그만 "엉." 하고 울음보를 터뜨리셨어. 할아버지는 울어 보신 지 하도 오래되서 어떻게 울어야 할지도 잊고 있었는데, 속절없이 울음이 터져 나오는 거야.

		울	보		바	보	
				이	야	기	
			글	:	윤	구	병
	옛	날		어	느		마	을	에
무	서	운		병	이		돌	았	대	.
무	슨		병	인	데		그	렇	게

원고지 쓰기를 생각하며 바르게 따라 써 보세요.

무	섭	냐	고	?		응	,	그	런
병	이			있	어	.	눈	알	은
빨	갛	게		달	아	오	르	는	데
가	슴	은		얼	음	덩	이	처	럼
꽁	꽁		얼	어	붙	는		병	,
그	래	서		서	로		쳐	다	보
기	도		싫	어	하	고		이	야

원고지 쓰기를 생각하며 바르게 따라 써 보세요.

기	도		안		나	누	고		누
가		곁	에		오	기	만		해
도		싫	어	서		몸	서	리	가
나	는		병	인	데	,	이		돌
림	병	이		온		마	을	을	
덮	친		거	야	.				

원고지 쓰기를 생각하며 바르게 따라 써 보세요.

	이	렇	게		되	자		마	을
에	서		가	장		나	이	가	
많	아	서		마	을		어	르	신
노	릇	을		하	고		있	는	
할	아	버	지	는		걱	정	이	
태	산		같	아	.	별		수	
없	이		할	아	버	지	는		길

11

을		떠	나	시	기	로	,		했	어	.
사	람	들		마	음	을		녹	일
수		있	는		약	을		찾	아
나	서	신		거	지	.			
		새	벽	에		일	어	나		문
밖	을		나	서	는	데	,		노	새

원고지 쓰기를 생각하며 바르게 따라 써 보세요.

한		마	리	와		반	딧	불	이
하	나	가		따	라	나	서	.	노
새	는		수	레	로		돌	을	
나	르	다		크	게		다	쳐	
다	리	를		몹	시		절	름	거
리	는		늙	은		노	새	야	.
반	딧	불	이	는		꽁	무	니	에

13

원고지 쓰기를 생각하며 바르게 따라 써 보세요.

매단 불이 희미하다

고 동무들에게 놀림

감이 되어 외톨이가

된 애이고. 반딧불이

가 앞장서서 날고,

노새가 할아버지를

원고지 쓰기를 생각하며 바르게 따라 써 보세요.

태	우	고		절	름	거	리	면	서
길	을		떠	났	어	.			
	할	아	버	지	는		이	렇	게
이		마	을		저		마	을	
돌	아	다	니	시	는	데		어	디
나		마	찬	가	지	야	.	무	서
운		돌	림	병	이		온		나

원고지 쓰기를 생각하며 바르게 따라 써 보세요.

라	를		휩	쓸	어	서		모	든
마	을	이		다		텅	텅		빈
것	처	럼		손	님	이		와	도
아	무	도		거	들	떠	보	지	
않	아	.							
	할	아	버	지		일	행	은	

원고지 쓰기를 생각하며 바르게 따라 써 보세요.

어	느	덧		깊	은		산	속	에
접	어	들	었	어	.		시	냇	물	을
건	너	는	데		때	마	침		봄
이	어	서		시	냇	물	에		연
분	홍		꽃	잎	이		떠	내	려
와	.		참		곱	지	.	오	랫	만
에		노	새	도		시	냇	물	로

원고지 쓰기를 생각하며 바르게 따라 써 보세요.

목	을		축	이	고	,		반 딧 불	
이	도		풀	잎		그	늘		밑
에	서		쉬	고		있	는	데	,
어	,		고	운		꽃	잎		사 이	
로		뭐	가		떠	내	려	오	네 .
눈	여	겨	보	니		댓	잎	으	로

| 만 | 든 | | 조 | 그 | 마 | 한 | | 배 | 야 | . |

| | | | | | | | | | |

| | 할 | 아 | 버 | 지 | | 일 | 행 | 은 | |

| 시 | 냇 | 물 | 을 | | 따 | 라 | | 위 | 로 |

| 위 | 로 | | 올 | 라 | 갔 | 어 | . | 점 | 점 |

| 더 | | 깊 | 은 | | 산 | 속 | 으 | 로 | |

| 들 | 어 | 간 | | 거 | 지 | . | 한 | 낮 | 인 |

| 데 | 도 | | 숲 | 이 | | 우 | 거 | 져 | 서 |

원고지 쓰기를 생각하며 바르게 따라 써 보세요.

어찌나 깜깜한지 반
딧불이가 꽁무니에
희미한 불을 다시
달아야 했어. 노새도
숨을 헉헉대면서 절
름거리는 다리를 한

원고지 쓰기를 생각하며 바르게 따라 써 보세요.

참	만	에		다	시		떼	어
놓	곤		했	어	.			
	갑	자	기		앞	이		환	해
졌	어	.		숲		사	이	로		숲
에		둘	러	싸	인		빈	터	가
보	이	고	,		시	냇	가	에	서
댓	잎	으	로		배	를		만	들

21

원고지 쓰기를 생각하며 바르게 따라 써 보세요.

어		물	에	띄	우	고		있
는		애	가		있	어	.	얼	마
나		반	가	웠	겠	어	.	그	런
데		어	,	할	아	버	지	가
노	새	에	서		내	리	자	마	자
그		애	가		두		팔	을

원고지 쓰기를 생각하며 바르게 따라 써 보세요.

벌	리	고		달	려	오	더	니	

늙	은		노	새	의		절	름	거

리	는		다	리	를		꼭		붙

들	어		안	고		"	앙	.	"

하	고		울	음	을		터	뜨	리

는		거	야	.		그	러	면	서

조	그	맣	게		부	르	짖	어	.

원고지 쓰기

1. 제목 쓰기

제목은 첫째 줄을 비우고 둘째 줄의 중앙에 씁니다.

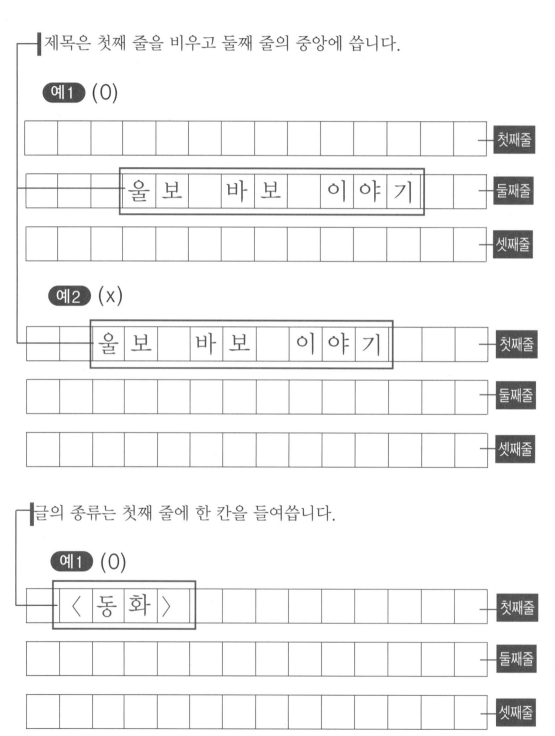

예1 (O)

| | | | | | | | | | | | | | → 첫째줄

| | | 울 | 보 | | 바 | 보 | | 이 | 야 | 기 | | | → 둘째줄

| | | | | | | | | | | | | | → 셋째줄

예2 (X)

| | 울 | 보 | | 바 | 보 | | 이 | 야 | 기 | | | | → 첫째줄

| | | | | | | | | | | | | | → 둘째줄

| | | | | | | | | | | | | | → 셋째줄

글의 종류는 첫째 줄에 한 칸을 들여씁니다.

예1 (O)

| | 〈 | 동 | 화 | 〉 | | | | | | | | | → 첫째줄

| | | | | | | | | | | | | | → 둘째줄

| | | | | | | | | | | | | | → 셋째줄

24

원고지 쓰기

2. 소속 쓰기

학교, 반, 이름 등은 제목 아래서 한 줄 비우고 다음 칸에 씁니다.
이때 오른쪽 두 칸을 비우도록 써야합니다.

예1 (O)

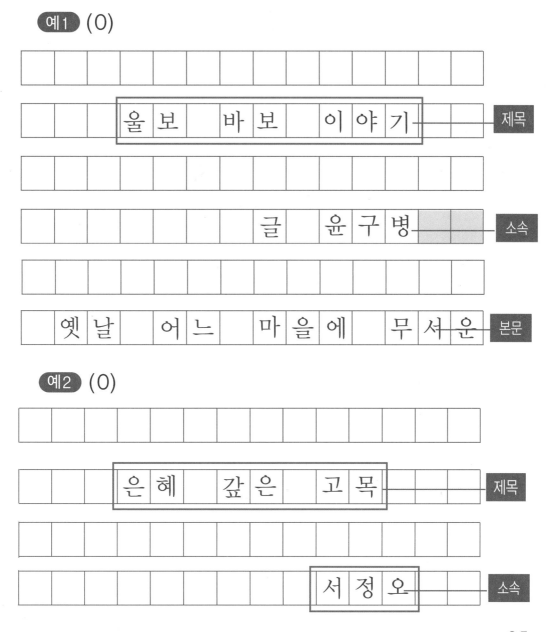

예2 (O)

예1 (O)

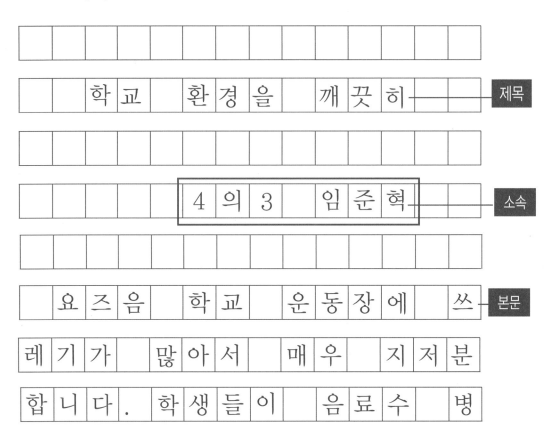

	학	교		환	경	을		깨	끗	히		← 제목
				4	의	3		임	준	혁		← 소속
	요	즈	음		학	교		운	동	장	에		쓰	← 본문
레	기	가		많	아	서		매	우		지	저	분
합	니	다	.	학	생	들	이		음	료	수		병

예1 (x)

제목과 소속, 소속과 본문은 한 줄씩 띄어야 하니 제목 또 소속 사이 이어 씁니다.

🌳글을 읽고 다음에 바르게 따라 써보세요.

은혜 갚은 고목

서정오

옛날에 할아버지하고 할머니 단 둘이 사는 집이 있었대. 두 사람이 농사를 짓고 사는 데, 한 해는 겨울에 눈이 너무 많이 와서 그 동네 사람들이 나무를 못 해다 때었어. 그래서 집집마다 땔감이 없어서 고생들을 하는데, 그 동네에 큰 고목나무가 하나 있거든. 동네 젊은이들이 그 고목나무라도 베어다 때야겠다고 도끼랑 톱이랑 들고 나서는 거야.

할아버지가 그것을 보고는

"여보게들, 그 나무는 몇십 년 동안 우리 동네 사람들이 위하던 나무라서 베면 안 되네."

하고 말리거든. 젊은이들이

"그럼 땔감은 없고 눈은 이렇게 쌓였고, 어떻게 해요?"

하니까 할아버지가

"정 그렇다면 우리 집 행랑채를 헐어서 뜯어다가 나누어서 때게. 그 나무는 베지 말고."

27

하거든. 행랑채는 머슴이 들어 사는 집인데, 그것을 헐어 기둥이고 서까래고 땔감으로 쓰라는 거지. 그 말을 듣고 할머니가 나와서 말했어.

"내년 봄이면 머슴을 들여야 할 텐데 행랑채를 헐어 버리면 어떻게 해요? 그깟 고목나무 베어다 때든지 말든지 그냥 두지 뭘 그래요?"

그래도 할아버지에게는 어림없어.

"죽은 나무라면 모를까, 산 나무를 함부로 베면 못쓰는 거야. 저 나무가 없으면 여름에 동네 사람들이 어디 가서 땀을 식혀? 그러니 아무 소리 말고 우리 집 행랑채를 헐어다 때게나."

그러니까 동네 젊은이들이 그냥 돌아갔어. 그리고 이튿날, 할아버지가 행랑채를 비워 주니까 모두들 그것을 헐어서 나누어다가 땔감으로 썼대. 그래서 겨울을 잘 났지.

그렇게 하고 나서 이듬해 봄이 되었거든. 봄이 되니까 이제 농사를 시작해야 된단 말이야. 할아버지, 할머니는 늙어서 농사지을 힘이 없으니까 머슴을 구해다가 농사를 지어야 한단 말이야. 그런데 머슴이 살 행랑채를 헐어 버렸으니 어떻게 해. 아무도 머슴 살겠다고 찾아오는 사람이 없네. 할머니가 걱정이 되어

"그것 보세요. 행랑채가 없으니 머슴도 못 들이지. 이제 올 농사는 어떻게 할 거예요?"

하고 안달이 났네그려. 할아버지는

"허허, 머슴 없으면 우리가 농사짓지."

이러고 천하태평일세.

하루는 할아버지가 쇠죽을 안쳐 놓고 들어와서 저녁밥을 먹고 있는데, 웬 떠꺼머리 총각이 와서 아무 말도 없이 쇠죽을 퍼다가 소에게 먹이고 마당도 쓸고, 일을 아주 부지런히 하네그려. 할아버지가 내다보고는

"자네는 어디서 온 누구인데 우리 집에 와서 그러고 있는가?"

하니까 이 총각이

"이 집에 머슴 안 두세요? 제가 머슴 살면 안 될까요?"

하거든. 듣던 중 반가운 소리지. 그래서

"그것참, 고마운 말인데 우리 집에는 지난겨울에 행랑채를 헐어서 잘 데가 없으니 어떡한다?"

	은	혜		갚	은		고	목			
							서	정	오		
	옛	날	에		할	아	버	지	하		
고		할	머	니		단	둘	이			
사	는		집	이		있	었	대	.		
한		해	는		겨	울	에		눈		

원고지 쓰기를 생각하며 바르게 따라 써 보세요.

이		너	무		많	이		와	서
그		동	네		사	람	들	이	
나	무	를		못		해	다		때
었	어	.		그	래	서		집	집	마
다		땔	감	이		없	어	서	
고	생	들	을		하	는	데	,	그
동	네	에		큰		고	목	나	무

가　하나　있거든.　동

네　젊은이들이　그

고목나무라도　베어다

때야겠다고　도끼랑

톱이랑　들고　나서는

거야.

원고지 쓰기를 생각하며 바르게 따라 써 보세요.

	할	아	버	가		그	것	을	
보	고	는							
	"	여	보	게	들	,	그		나
무	는		몇	십		년		동	
안		우	리		동	네		사	
람	들	이		위	하	던		나	
무	라	서		베	면		안		

33

	뙤	네	.	”			
하	고		말	리	거	든	.	젊	은
이	들	이					
	“	그	럼		땔	감	은		없
	고		눈	은		이	렇	게
	쌓	였	고	,		어	떻	게		해

34

	요	?	"							
하	니	까		할	아	버	지	가		
	"	정		그	렇	다	면		우	
	리	집		행	랑	채	를		헐	
	어	서		뜯	어	다	가		나	
	누	어		때	게	.	그		나	
	무	는		베	지		말	고	.	"

35

35

하거든. 행랑채는 머

슴이 들어 사는 집

인데, 그것을 헐어

기둥이고 서까래고

땔감으로 쓰라는 거

지. 그 말을 듣고

원고지 쓰기를 생각하며 바르게 따라 써 보세요.

할	머	니	가		나	와	서		말
렸	어	.							
	"	내	년		봄	이	면		머
	슴	을		들	여	야		할	
	텐	데		행	랑	채	를		헐
	어		버	리	면		어	떻	게
	해	요	?		그	깟		고	목

원고지 쓰기를 생각하며 바르게 따라 써 보세요.

	나	무		베	어	다		때	든
	지		말	든	지		그	냥	
	두	지		뭘		그	래	요	?"
	그	래	도		할	아	버	지	에
게	는		어	림	없	어	.		
	"	죽	은		나	무	라	면	

원고지 쓰기를 생각하며 바르게 따라 써 보세요.

	모	를	까	,		산		나	무	를
	함	부	로		베	면		못	쓰	
	는		거	야	.		저		나	무
	가		없	으	면		여	름	에	
	동	네		사	람	들	이		어	
	디		가	서		땀	을		식	
	혀	?		그	러	니		아	무	

원고지 쓰기를 생각하며 바르게 따라 써 보세요.

	소	리		말	고		우	리
	집		행	랑	채	를		헐	어
	다		때	게	나	.	”		
	그	러	니	까		동	네		젊
은	이	들	이		그	냥		돌	아
갔	어	.		그	리	고		이	튼	날	,

원고지 쓰기를 생각하며 바르게 따라 써 보세요.

할	아	버	지	가		행	랑	채	를
비	워		주	니	까		모	두	들
그	것	을		헐	어	서		나	누
어	다	가		땔	감	으	로		썼
대	.		그	래	서		겨	울	을
잘		났	지	.					
	그	렇	게			하	고		나	서

3. 본문 쓰기(1)

본문은 소속 다음에 한 줄을 띄고 쓰며, 이때 첫째 칸을 비우고 둘째 칸부터 씁니다.

예1 (O)

		울	보		바	보		이	야	기	── 제목
						글		윤	구	병	── 이름

──	옛	날		어	느		마	을	에		무	서	운
병	이		돌	았	대	.	무	슨		병	인	데
그	렇	게		무	섭	냐	고	?		응	,	그	런
병	이		있	어	.	눈	알	은		빨	갛	게	── 본문
달	아	오	르	는	데		가	슴	은		얼	음	덩
이	처	럼		꽁	꽁		얼	어	붙	는		병	.
그	래	서		서	로		처	다	보	기	도		싫

42

본문은 소속 다음에 한 줄을 띄고 쓰며, 이때 첫째 칸을 비우고 둘째 칸부터 씁니다.

예2 (O)

| | | 은 | 혜 | | 갚 | 은 | | 고 | 목 | | | →제목 |

| | | | | | | | | 서 | 정 | 오 | →이름 |

본문

	옛	날	에		할	아	버	지	하	고		할	머
니		단	둘	이		사	는		집	이		있	었
대	.	두		사	람	이		농	사	를		짓	고
사	는	데	,	한		해	는		겨	울	에		눈
이		너	무		많	이		와	서		그		동
네		사	람	들	이		나	무	를		못		해
다		때	었	어	.	그	래	서		집	집	마	다
땔	감	이		없	어	서		고	생	들	을		하
는	데	,	그		동	네	에		큰		고	목	나

4. 앞칸 비우기

문단이 바뀌어 다음 문단이 시작할 때도 첫째 칸을 비우고 둘째 칸부터 씁니다. 이때 앞 문단의 빈칸은 채우지 않고 비워둡니다.

예1 (O)

	이	렇	게		되	자		마	을	에	서		가
장		나	이	가		많	아	서		마	을		어
르	신		노	릇	을		하	고		있	는		할
아	버	지	는		걱	정	이		태	산		같	아.
별		수		없	이		할	아	버	지	는		길
을		떠	나	시	기	로		했	어.		사	람	들
마	음	을		녹	일		수		있	는		약	을
찾	아		나	서	신		거	지.					

예2 (O)

	할	아	버	지	는		이	렇	게		이		마
을		저		마	을		돌	아	다	니	시	는	데
어	디	나		마	찬	가	지	야.		무	서	운	

44

돌림병이　온　나라를　휩쓸어
서　모든　마을이　다　텅텅
빈　것처럼　손님이　와도　아
무도　거들떠보지　않아.　
　할아버지　일행은　어느덧

여기서 끝에서 둘째 줄의 '할아버지 일행은'은 문단이 바뀌므로 첫칸을 비우고 써야 합니다.

예3 (x)

　할아버지는　이렇게　이　마
을　저　마을　돌아다니시는데
어디나　마찬가지야.　무서운
돌림병이　온　나라를　휩쓸어
서　모든　마을이　다　텅텅
빈　것처럼　손님이　와도　아
무도　거들떠보지　않아.　할아
버지　일행은　어느덧　깊은

45

🌳 글을 읽고 다음에 바르게 따라 써보세요.

국어 가-150쪽

비가 오면

글:신혜은

투두둑, 툭툭.

갑자기 비가 내리기 시작했습니다.

"우산 가져왔어?"

"아니."

"금방 그칠까?"

아이들이 창밖을 바라보며 웅성거렸습니다. 선생님이 칠판에 글씨를 쓰다 말고 뒤를 돌아보셨습니다.

"자,얘들아! 조용히 하고…… 수업 마저 해야지."

빗줄기가 점점 굵어졌습니다.하늘은 어두컴컴해지고 운동장 여기 저기 흙탕물이 작은 시내를 이루었습니다.

수업 마침을 알리는 종이 울렸습니다.

"내일 헌 종이 가져오는 거 잊지 말고, 청소 당번은 청소 끝나면 검사 맡으러 오고, 나머지는 걸상 다 올리고 가라. 알겠지? 자, 그럼 이상!"

"차렷, 경례!"

"선생님, 고맙습니다."

선생님이 나가시자마자 드르륵 뒷문이 열렸습니다.

"진수야, 할미 왔다. 어여 나온."

우아, 할머니다!"

진수는 신이 나서 가장 먼저 교실을 나갔습니다. 걸상 올리는 소리, 아이들 나가는 소리로 한동안 교실이 어수선했습니다.

"소은아! 뭐 해? 빨리 청소하고 집에 가야지."

"응? 으응."

"오늘은 네가 청소 검사 맡으러 가는 날이다. 알지?"

은영이가 내게 빗자루를 건네며 말했습니다.

"으응."

현관은 엄마를 기다리는 아이들과 아이들을 데리러 온 엄마들로 가득했습니다. 나는 곁눈질로 엄마들 쪽을 바라보았습니다.

그 많은 엄마들 중에 우리 엄마는…… 없습니다.

비 오는 날 엄마가 학교에 오신 적이 한 번 있었습니다. 일학년 때였던 것 같습니다. 지금은 오실 수가 없습니다.

나는 교무실로 발걸음을 재촉했습니다. 비 때문인지 눅눅한 마루 냄새, 왁스 냄새, 먼지 냄새가 복도에 가득했습니다.

"선생님, 청소 다 했어요."

"그래? 그럼 얼른 집에 가야지. 우산은 가져왔니?"

"아…… 아니요."

응, 그렇구나. 그럼 오늘은 우리 둘 다 비를 맞고 가겠네. 나도 우산이 없거든."

원고지 쓰기를 생각하며 바르게 따라 써 보세요.

	비	가		오	면				
			글	:	신	혜	은		
	투	두	둑	,		툭	툭	.	
	갑	자	기		비	가		내	리
기		시	작	했	습	니	다	.	
	"	우	산		가	져	왔	어	? "

원고지 쓰기를 생각하며 바르게 따라 써 보세요.

		"	아	니	.	"					
		"	금	방		그	칠	까	?	"	
		아	이	들	이		창	밖	을		
바	라	보	며		웅	성	거	렸	습	
니	다	.	선	생	님	이		칠	판	
에		글	씨	를		쓰	다		말	
고		뒤	를		돌	아	보	셨	습	

50

원고지 쓰기를 생각하며 바르게 따라 써 보세요.

	니	다	.							
		"	자	,	얘	들	아	!		조
	용	히	하	고	…	…	.	수
	업	마	저	해	야	지	.	"
	빗	줄	기	가	점	점	굵
어	졌	습	니	다	.	하	늘	은

51

원고지 쓰기를 생각하며 바르게 따라 써 보세요.

어	두	컴	컴	해	지	고		운	동
장		여	기		저	기		흙	탕
물	이		작	은		시	내	를	
이	루	었	습	니	다	.			
	수	업		마	침	을		알	리
는		종	이		울	렸	습	니	다	.
	"	내	일		헌		종	이	

52

원고지 쓰기를 생각하며 바르게 따라 써 보세요.

	가	져	오	는		거		잊	지
	말	고	,	청	소		당	번	은
	청	소		끝	나	면		검	사
	맡	으	러		오	고	,	나	머
	지	는		걸	상		다		올
	리	고		가	라	.		알	겠	지	?

	자	,		그	럼		이	상	!	"
	"	차	렷	,		경	례	!	"	
	"	선	생	님	,		고	맙	습	니
다	.	"								
	선	생	님	이		나	가	시	자	
마	자		드	르	륵		뒷	문	이	
열	렸	습	니	다	.					

원고지 쓰기를 생각하며 바르게 따라 써 보세요.

　　"진수야, 할미　왔
다. 어여　나온."
　　"우아, 할머니다！"
　진수는　신이　나서
가장　먼저　교실을
나갔습니다. 걸상을

원고지 쓰기를 생각하며 바르게 따라 써 보세요.

리	는		소	리	,	아	이	들
나	가	는		소	리	로		한	동
안		교	실	이		어	수	선	했
습	니	다	.					
	"	소	은	아	!		뭐		해	?
	빨	리		청	소	하	고		집
	에		가	야	지	.	"	

원고지 쓰기를 생각하며 바르게 따라 써 보세요.

	"	응	?		으	웅	.	"	
	"	오	늘	은		네	가		청
	소		검	사		맡	으	러	
	가	는		날	이	다	.		알	지 ?"
	은	영	이	가		내	게		빗
자	루	를		건	네	며		말	했

원고지 쓰기를 생각하며 바르게 따라 써 보세요.

습	니	다	.						
	"	으	응	.	"				
	현	관	은		엄	마	를		기
다	리	는		아	이	들	과		아
이	들	을		데	리	러		온	
엄	마	들	로		가	득	했	습	니
다	.		나	는		곁	눈	질	로

58

원고지 쓰기를 생각하며 바르게 따라 써 보세요.

엄	마	들		쪽	을		바	라	보
았	습	니	다	.					
	그		많	은		엄	마		중
에		우	리		엄	마	는	…	….
없	습	니	다	.					
	비		오	는		날		엄	마

원고지 쓰기를 생각하며 바르게 따라 써 보세요.

가		학	교	에		오	신		적
이		한		번		있	었	습	니
다	.	일		학	년		때	였	던
것		같	습	니	다	.	지	금	은
오	실		수	가		없	습	니	다
	나	는		교	무	실	로		발
걸	음	을		재	촉	했	습	니	다

60

원고지 쓰기를 생각하며 바르게 따라 써 보세요.

비　때문인지　늑늑한

마루　냄새,　왁스　냄

새,　먼지　냄새가　복

도에　가득했습니다.

　　"선생님,　청소　다

했어요."

원고지 쓰기를 생각하며 바르게 따라 써 보세요.

	"그	래	?		그	럼		열
	른		집	에		가	야	지	.
	우	산	은		가	져	왔	니	?	"
	"	아	……		아	니	요	.	"
	"	응	,	그	렇	구	나	.	그
	럼		오	늘	은		우	리
	둘		다		비	를		맞	고

원고지 쓰기를 생각하며 바르게 따라 써 보세요.

	가	겠	네	.		나	도		우	산
	이		없	거	든	.	"			
	나	는		가	방	을		메	고	
	현	관	으	로			나	왔	습	니
다	.		현	호	와		성	찬	이	는
딱	지	를		접	느	라		정	신	

63

5. 본문 쓰기(2)

끝 칸에서 낱말이 끝나고 한 칸을 띄어야 할 때도, 다음 첫째 칸을 채워 씁니다. 참고로 '예1에서' 원고지 밖에 띄어쓰기 표를 한 것은, 띄어쓰기 하는 곳을 표시하기 위한 것일 뿐, 실제는 해도 되고 안 해도 됩니다.

예1 (O)

아	이	들	이		창	밖	을		바	라	보	고	는	v
웅	성	거	렸	습	니	다	.		선	생	님	이		칠
판	에		글	씨	를		쓰	다		말	고			뒤
를		돌	아	보	셨	습	니	다	.					

예2와 같은 경우도 '창밖을 보고는'을 쓰고 줄을 바꾸어 쓸 때 첫째 칸을 띄고 쓰면 안 됩니다.

예2 (x)

아	이	들	이		창	밖	을		바	라	보	고	는
v	웅	성	거	렸	습	니	다	.		선	생	님	이
칠	판	에		글	씨	를		쓰	다		말	고	
뒤	를		돌	아	보	셨	습	니	다	.			

이야기가 바뀌고(문단이 바뀌고) 다른 내용이 시작할 때에도 줄을 바꾸어 써야 하며, 이때 첫칸을 비우고 씁니다.

예3 (x)

나	는		곁	눈	질	로		엄	마	들		쪽	을
바	라	보	았	습	니	다	.		그		많	은		엄
마		중	에		우	리		엄	마	는	…	…	
없	습	니	다	.									

예4 (O)

앞의 예3에서, '바라보았습니다.'를 쓸 때 줄을 바꾸어 써야 합니다. 그리고 첫째 칸을 비우고 둘째 칸부터 써야 합니다.

나	는		곁	눈	질	로		엄	마	들		쪽	을
바	라	보	았	습	니	다	.						
	그		많	은		엄	마		중	에		우	리
엄	마	는	…	…	없	습	니	다	.				
	비		오	는		날		엄	마	가		학	교
에		오	신		적	이		한		번		있	었

'예5'에서도 '나는 한동안'을 쓸 때, 뒤에 빈칸이 남았어도 줄을 바꾸어 시작해야 하며, 이때 첫칸을 비우고 써야합니다.

예5 (x)

말	에		흙	물	이		들	면		잘		지	워
지	지		않	는	다	던		엄	마	의		말	이
생	각	났	습	니	다	.		나	는		양	말	을
벗	어		가	방	에		쑤	셔		넣	었	습	니
다	.		나	는		한	동	안		읍	내	쪽		하
늘	을		쳐	다	보	았	습	니	다	.			

예6 (O)

말	에		흙	물	이		들	면		잘		지	워
지	지		않	는	다	던		엄	마	의		말	이
생	각	났	습	니	다	.		나	는		양	말	을
벗	어		가	방	에		쑤	셔		넣	었	습	니
다	.												
	나	는		한	동	안		읍	내	쪽		하	늘

66

 글을 읽고 다음에 바르게 따라 써보세요.

국어 나-220쪽

아침 시간을 돌려주세요

우리 학교는 날마다 8시 30분까지 등교하도록 정해져 있습니다. 그리고 9시에 1교시를 시작하는데 그사이 30분 동안 요일마다 다른 아침 활동을 합니다. 아침 활동은 학년마다 다른데, 4학년은 월요일에 청소와 독서 활동, 화요일에 글쓰기와 영어 회화 활동, 수요일에 방송 듣기와 명상 활동, 목요일에 체력 단련과 토의 활동, 금요일에 자기반성과 학급 회의 활동을 합니다. 이렇게 날마다 아침 시간 30분을 15분씩 나누어 두 가지 활동을 하고 있습니다.

아침 활동을 하면 수업 시간에 배우지 않는 내용을 해 보며 여러 가지 경험을 할 수 있어서 좋습니다. 그렇지만 저는 아침 시간이 너무 힘듭니다. 왜냐하면 날마다 15분씩 시간을 나누어서 두 가지 활동을 하면 한 가지도 제대로 하지 못하고 넘어가는 경우가 많기 때문입니다. 앞의 활동이 채 끝나기도 전에 15분이 지나가 버려서 허겁지겁 다음 활동을 준비하여야 합니다. 어떤 날은 어느 것 하나도 제대로 하지 못하고 시간이 지나가 버릴 때도 있습니다.

아침 시간에 여유 있게 공부할 준비를 하면 좋겠습니다. 이렇게 바쁘게 아침 활동을 하고 나면 수업 시간에 집중이 더 안 되는 것 같습니다. 그래서 저는 아침 활동을 하루에 한 가지씩만 하게 하고 남는 시간은 저희에게 돌려주시면 좋겠습니다.

4학년 1반 김지언

원고지 쓰기를 생각하며 바르게 따라 써 보세요.

			아	침		시	간	을	
				돌	려	주	세	요	
	우	리		학	교	는		날	마
다		8	시		30	분	까	지	
등	교	하	도	록		정	해	져	
있	습	니	다	.		그	리	고	9

시	에		1	교	시	를		시	작
하	는	데		그	사	이		30	분
동	안		요	일	마	다		다	른
아	침		활	동	을		합	니	다 |.
아	침		활	동	은		학	년	마
다		다	른	데	,		4	학	년	은
월	요	일	에		청	소	와		독

원고지 쓰기를 생각하며 바르게 따라 써 보세요.

서		활	동	,	화	요	일	에
글	쓰	기	와		영	어		회	화
활	동	,	수	요	일	에		방	송
듣	기	와		명	상		활	동	,
목	요	일	에		체	력		단	련
과		토	의		활	동	,	금	요

원고지 쓰기를 생각하며 바르게 따라 써 보세요.

일	에		자	기		반	성	과	
학	급		회	의		활	동	을	
합	니	다	.		이	렇	게		날	마
다		아	침		시	간		30	분
을		15	분	씩		나	누	어	
두		가	지		활	동	을		하
고		있	습	니	다	.			

원고지 쓰기를 생각하며 바르게 따라 써 보세요.

	아	침		활	동	을		하	면
수	업		시	간	에		배	우	지
않	는		내	용	을		해		보
며		여	러		가	지		경	험
을		할		수		있	어	서	
좋	습	니	다		그	렇	지	만	

원고지 쓰기를 생각하며 바르게 따라 써 보세요.

저	는		아	침		시	간	이	
너	무		힘	듭	니	다	.		왜	냐
하	면		날	마	다		15	분	씩
시	간	을		나	누	어	서		두
가	지		활	동	을		하	면	
한		가	지	도		제	대	로	
하	지		못	하	고		넘	어	가

는		경	우	가		많	기		때
문	입	니	다	.		앞	의		활	동
이		채		끝	나	기	도		전
에		15	분	이		지	나	가
버	려	서		허	겁	지	겁		다
음		활	동	을		준	비	하	여

원고지 쓰기를 생각하며 바르게 따라 써 보세요.

야		합	니	다	.		어	떤		날
은		어	느		것		하	나	도	
제	대	로		하	지		못	하	고	
시	간	이		지	나	가		버	릴	
때	도		있	습	니	다	.			
	아	침		시	간	에		여	유	
있	게		공	부	할		준	비	를	

원고지 쓰기를 생각하며 바르게 따라 써 보세요.

하면 좋겠습니다. 이

렇게 바쁘게 아침

활동을 하고 나면

수업 시간에 집중이

더 안 되는 것 같

습니다. 그래서 저는

원고지 쓰기를 생각하며 바르게 따라 써 보세요.

아	침		활	동	을		하	루	에
한		가	지	씩	만		하	게	
하	고		남	는		시	간	은	
저	희	에	게		돌	려	주	시	면
좋	겠	습	니	다	.				
				4	학	년		1	반
							김	지	연

6. 대화 쓰기

대화는 전체를 한 칸 들여 씁니다. 따라서 대화와 설명하는 글이 섞여 있을 때는 설명하는 글은 다른 글과 같은 규칙을 따르며, 대화는 전체를 한 칸 들여써야 합니다.

예1 (O)

	종	소	리	가		울	리	고		첫		수	업
이		시	작	되	었	어	요	.	선	생	님	께	서
교	실	로		들	어	오	셨	어	요	.			
	"	오	늘		미	술		시	간	에	는		만
	들	기	를		하	기	로		했	지	?		준
	비	물	은		모	두		가	져	왔	니	?	"
	"	네	!	"									
	아	이	들	은		가	방	에	서		주	섬	주
섬		준	비	물	을		꺼	냈	어	요	.	보	람
이	는		바	늘	로		찔	린		듯		뜨	끔
했	어	요	.	아	침	에		떼	를		쓰	다	가

예2 (O)

예문에서 보는 것처럼 '설명문'은 처음 시작할 때 첫칸만을 비우고 다음부터는 첫칸을 반드시 채웁니다.
그러나 '대화문'은 첫칸을 모두 비웁니다.

설명 — | 칠 | 판 | 에 | | 무 | 엇 | 을 | | 그 | 리 | 던 | | 선 | 생 |
| 님 | 도 | | 돌 | 아 | 서 | 셨 | 요 | . | | | | | |

대화 — | | " | 무 | 슨 | | 일 | 이 | 야 | ? | " | | | | |

설명 — | | 선 | 생 | 님 | 이 | | 놀 | 란 | | 눈 | 으 | 로 | | 쳐 |
| 다 | 보 | 며 | | 물 | 으 | 셨 | 어 | 요 | . | | | | |

대화 — | | " | 보 | 영 | 이 | 가 | | 윤 | 정 | 희 | 를 | | 때 | 렸 |
| | 어 | 요 | ! | " | | | | | | | | | |

대화 — | | " | 윤 | 정 | 희 | 더 | 러 | | 피 | 부 | 색 | 이 | | 틀 |
| | 리 | 다 | 고 | | 했 | 어 | 요 | ! | " | | | | |

설명 — | | 여 | 기 | 저 | 기 | 서 | | 아 | 이 | 들 | 이 | | 말 | 했 |
어	요	.	보	람	이	는		얼	굴	이		새	빨
갛	게		달	아	올	랐	어	요	.	입	술	을	
꼭		다	물	고		고	개	를		숙	였	어	요	.

원고지 쓰기

예3 (O)

설명
선	생	님	은		바	닥	에		떨	어	진	
색	종	이	를		주	우	면	서		말	을		거
셨	어	요	.										

대화
| | " | 윤 | 정 | 아 | , | 괜 | 찮 | 니 | ? | | 어 | 디 | |
| | 다 | 친 | | 데 | 는 | | 없 | 어 | ? | " | | | |

| | " | … | … | 괜 | 찮 | 아 | 요 | . | " | | | | |

설명
	윤	정	이	도		창	피	했	는	지		작	은
목	소	리	로		말	하	며		책	상	과		의
자	를		일	으	켜		세	워		자	리	에	
앉	았	어	요	.									

대화
| | " | 보 | 람 | 이 | 도 | | 괜 | 찮 | 니 | ? | " | | |

설명
	선	생	님	이		물	으	셨	어	요	.	선	생
님	의		목	소	리	가		부	드	러	웠	어	요	.
화	가		난		목	소	리	는		아	니	었	어

🌳글을 읽고 다음에 바르게 따라 써보세요.

국어 나-229쪽

저작권 침해

글: 김숙분

아이들은 점식 식사가 끝나자 자기 짐을 서둘러 챙겼다. 5,6교시는 동아리 활동이기 때문이다. 종이접기부, 수예부, 바둑부, 신문부, 글짓기부 등 자신이 선택한 동아리로 가서 공부를 하는 것이다.

민호는 글짓기부였다. 민호는 학교 도서실로 자리를 옮겼다. 글짓기부의 친구들은 대부분 글쓰기를 좋아하고 글도 잘 썼다. 하지만 예주를 따라가기는 힘들었다. 예주는 글을 쓸 때마다 선생님의 칭찬을 독차지했다. 그런 예주를 볼 때마다 아이들은 풀이 죽었다. 예주가 쓴 문장은 흉내 내기도 벅찼다.

'예주는 천재야.'

민호는 그렇게 생각했다.

그날은 '가을'이라는 제목으로 생활문을 써 보라고 선생님이 말씀하셨다. 민호는 갑자기 글감이 떠오르지 않아 막막했다. 그런데 그날따라 다른 친구들도 그런 것 같았다. 아이들은 대부분 글을 완성하지 못했다.

"자, 시간이 다 되었으니 집에 가서 완성하고 내일 선생님에게 주세요."

민호는 집에 돌아와 글을 쓰려고 애썼지만 잘 써지지 않았다. 마침 서재에 어머니가 보시던 유명 작가의 수필이 있었다. 민호는 그것을 뒤적이다가 신기하게도 '가을'이란 제목의 글을 발견했다. 그것을 찬찬히 읽어보던 민호는 그 아름다운 문장에 그만 정신을 뺏기고 말았다.

'와! 굉장하다! 나도 이런 글을 한번 써 보았으면……'

그 글을 읽고 나니 민호에게도 가을에 대한 새로운 생각이 떠올랐다. 하지만 잘 써지는 건 아니었다. 그래서 그만 민호는 수필의 글을 드문드문 옮겨 베끼기 시작했다. 다 쓴 후 자신의 글을 한번 읽어 보았다. 정말 만족스러웠다. 예주도 따라올 수 없는 글이었다.

다음 날 민호는 글짓기부 선생님께 글을 드렸다.

'과연 선생님이 어떤 평을 내리실까?'

다음 주 동아리 활동이 기대되었다. 그런데 동아리 활동이 있기 전날 글짓기부 선생님이 민호를 부르셨다.

"방과 후 잠시 도서관으로 와서 나 좀 보렴."

민호는 괜히 불안한 마음이 들었다. 선생님을 찾아갔을 때 선생님은 민호 앞에 무언가를 내미셨다. 민호의 글이었다. 민호는 자신의 글에 붉은 줄이 수없이 그어진 것을 보았다. 민호는 얼굴이 화끈거렸다.

"민호야, 남의 글을 베끼는 건 도둑질과 다름없단다. 글은 진실해야 하는 거야."

민호는 부끄러워 눈물이 쏟아졌다.

"잘못했어요, 선생님."

선생님은 민호의 손을 꼭 잡으셨다. 그리고 다정하게 민호의 눈을 들여다보셨다. 다음 날 동아리 활동 시간에 선생님은 우리에게 저작권에 대한 이야기를 해 주셨다.

원고지 쓰기를 생각하며 바르게 따라 써 보세요.

		저	작	권		침	해	
			글	:	김	숙	분	
	아	이	들	은		점	심	식
사	가		끝	나	자		자	기
짐	을		서	둘	러		챙	겼	다	.
5	,		6	교	시	는		동	아	리

원고지 쓰기를 생각하며 바르게 따라 써 보세요.

활동이기 때문이다.

종이접기부, 수예부,

바둑부, 신문부, 글짓

기부 등 자신이 선

택한 동아리로 가서

즐거운 공부를 하는

것이다.

원고지 쓰기를 생각하며 바르게 따라 써 보세요.

	민	호	는		글	짓	기	부	였
다	.		민	호	는		학	교		도
서	실	로		자	리	를		옮	겼
다	.		글	짓	기	부	의		대	부
분	은		글	쓰	기	를		좋	아
하	고		글	도		잘		썼	다	.

하	지	만		예	주	를		따	라
가	기	는			힘	들	었	다	.		예
주	는		글	을		쓸		때	마
다		선	생	님	의		칭	찬	을
독	차	지	했	다	.		그	런		예
주	를		볼		때	마	다		아
이	들	은		풀	이		죽	었	다	.

원고지 쓰기를 생각하며 바르게 따라 써 보세요.

예주가　쓴　문장들은
흉내　내기도　벅찼다.

　　'예주는　천재야.'
　　민호는　그렇게　생
각했다.

　　그날은　'가을'이라

원고지 쓰기를 생각하며 바르게 따라 써 보세요.

는		제	목	으	로		생	활	문
을		써		보	라	고		선	생
님	이		말	씀	하	셨	다	.	민
호	는		갑	자	기		글	감	이
떠	오	르	지		않	아		막	막
했	다	.	그	런	데		그	날	
따	라		다	른		친	구	들	도

원고지 쓰기를 생각하며 바르게 따라 써 보세요.

그런 것 같았다. 아
이들은 대부분 글을
완성하지 못했다.
　"자, 시간이 다
되었으니 집에 가
서 완성하고 내일

원고지 쓰기를 생각하며 바르게 따라 써 보세요.

	선	생	님	에	게		주	세	요	.	"
	민	호	는		집	에		돌	아	
와		글	을		쓰	려	고		애	
썼	지	만		잘		써	지	지		
않	았	다	.	마	침		서	재	에	
어	머	니	가		보	시	던		유	
명		작	가	의		수	필	이		

원고지 쓰기를 생각하며 바르게 따라 써 보세요.

있었다. 민호는 그것

을 뒤적이다가 신기

하게도 '가을'이란

제목의 글을 발견했

다. 그것을 찬찬히

읽어 보던 민호는

원고지 쓰기를 생각하며 바르게 따라 써 보세요.

그　아름다운　문장에

그만　정신을　뺏기고

말았다.

　'와 !　굉장하다 !

　나도　이런　글을

　한번　써　보았으면..

　그　글을　읽고　나

원고지 쓰기를 생각하며 바르게 따라 써 보세요.

니 민호에게도 가을

에 대한 새로운 생

각이 떠올랐다 하지

만 잘 써지는 건

아니었다 그래서 그

만 민호는 수필의

7. 끝칸 쓰기

낱말이 줄의 끝에서 끝나고 줄을 바꾸어 띄어쓰기 할 때도 첫째 칸부터 채워씁니다.
예1에서, '찾아갔을 때' 다음에 한 칸 띄어야 하지만 줄을 바꾸어 써야 하는 때라도, 첫칸을 비우고 쓰면 틀립니다.

예1 (x)

예2 (0)

줄의 끝에서 낱말이 끝나고 부호를 쓸 때는 부호를 원고지 밖에 쓰며, 다음 줄의 첫째 칸에는 쓰지 않습니다.
예4,5처럼 문장이 원고지의 끝칸에서 끝나면 부호도 그 끝칸, 또는 원고지 밖에 모두 써야 합니다.

예3 (x)

	" 자	,	시	간	이		다		되	었	으	니

	집	에	서		마	져		작	성	해		와	요

| | ." | | 민 | 호 | 는 | | 집 | 에 | | 돌 | 아 | 와 | |

예4 (O)

	" 자	,	시	간	이		다		되	었	으	니

	집	에	서		마	져		작	성	해		와	요	. "

| | 민 | 호 | 는 | | 집 | 에 | | 돌 | 아 | 와 | | 글 | 을 |

줄의 끝에서 낱말이 끝나고 부호를 쓸 수 없을 때는 원고지 밖에 써도 되지만 '예5'와 같이 끝칸에 글자와 함께 써도 됩니다.

예5 (O)

	" 방	과		후		잠	시		도	서	관	으

	로		와	서		나	를		보	고		가	렴.

| | 민 | 호 | 는 | | 불 | 안 | 한 | | 마 | 음 | 이 | | 들 |

🌳글을 읽고 다음에 바르게 따라 써보세요.

만년 샤쓰

방정환

창남이는 우리 반에서 가장 인기 있는 친구이다. 이름이 창남이고 성이 한씨인데, 안창남 아저씨와 이름이 비슷하여 친구들은 모두 그를 '비행사'라고 부른다.

창남이는 비행사같이 시원스럽고 유쾌한 성격을 가진 친구이다. 다른 친구가 걱정이 있어 얼굴을 찡그릴 때에는 재미난 말로 기분을 풀어 주고, 곤란한 일이 있을 때에는 좋은 의견을 내어 문제를 해결하여 주었다. 그래서 비행사의 이름이 더욱 높아졌다.

창남이네 집은 어려운 것 같았다. 창남이는 모자가 해어져도 새것으로 사서 쓰지 않았고, 바지가 해어져도 헝겊으로 기워 입고 다녔다. 하지만 단 한 번도 창피해하거나 남의 것을 부러워하지 않았다.

체육 시간이 되었다.오늘은 올겨울 들어 가장 추운 날이었다.아이들은 추운 날씨를 참지 못하고 체육복 위에웃옷을 입고 있었다. 체육 선생님께서는 아이들에게 웃옷을 벗으라고 말씀하셨다. 아이들은 무서운 체육 선생님의 말씀에 하나둘 두꺼운 웃옷을 벗고 체육복만 입었다. 다만 한 사람, 창남이가 웃옷을 벗지 않고 있었다.

"한창남, 왜 웃옷을 안 벗니?"

창남이의 얼굴은 푹 수그러지면서 빨개졌다. 창남이가 그런 행동을 하는 것은 처음 보았다 창남이는 한참 동안 멈칫멈칫하다가 고개를 들고 말하였다.

"선생님, 만년 샤쓰도 괜찮습니까?"

"무엇이라고? 만년 샤쓰? 만년 샤쓰가 무엇이냐?"

"맨몸 말입니다."

체육 선생님께서는 창남이의 말에 화가 나 뚜벅뚜벅 걸어가시며 큰 소리로 말씀하셨습니다.

"웃옷을 벗어라."

창남이는 웃옷을 벗었다. 아무것도 입지 않은 맨몸이었다. 선생님께서는 깜짝 놀라셨고, 아이들은 깔깔 웃었다.

"한창남, 왜 외투 안에 옷을 입지 않았니?

"없어서 못 입었습니다."

그때 선생님의 무섭던 눈에 눈물이 고였다. 그리고 아이들의 웃음소리도 갑자기 없어졌다. '창남이네 집이 이렇게 어려웠구나.' 라고 모두 생각하였다.

"창남아, 정말 샤쓰가 없니?"

선생님께서는 다정한 목소리로 물으셨다.

"오늘과 내일만 없습니다. 모레는 인천에 사시는 형님이 올라와서 사 주십니다."

"그럼 웃옷을 다시 입어라. 오늘은 웃옷을 입고 운동하도록 해라."

만년 샤쓰! '비행사' 라는 말도 없어지고 그날부터는 '만년 샤쓰' 라는 말이 온 학교 안에 퍼져서 친구들은 창남이를 만년 샤쓰라고 부르게 되었다.

이튿날, 만년 샤쓰 창남이가 교문 근처에 오자 학생들이 허리가 부러지게 웃기 시작하였다. 창남이가 얇은 웃옷에 얄따랗고 해어진 바지를 입고, 양말도 안 신고 뚜벅뚜벅 걸어왔기 때문이다.

	만	년		샤	쓰		
			글	:	방	정	환
	창	남	이	는		우	리	반
에	서		가	장		인	기		있
는		친	구	이	다	.	이	름	이
창	남	이	고		성	이		한	씨

인	데	,		안	창	남		아	저	씨
와		이	름	이		비	슷	하	여	
친	구	들	은		모	두		그	를	
'	비	행	사	'		라	고		부	른
다	.									
	창	남	이	는		비	행	사	같	
이		시	원	스	럽	고		유	쾌	

한		성	격	을		가	진		친
구	이	다	.		다	른		친	구	가
걱	정	이		있	어		얼	굴	을
찡	그	릴		때	에	는		재	미
난		말	로		기	분	을		풀
어		주	고	,	곤	란	한		일

원고지 쓰기를 생각하며 바르게 따라 써 보세요.

이		있을		때에는		좋
은		의견을		내어		문
제를		해결하여		주었		
다.	그래서		비행사의			
이름이		더욱		높아졌		
다.						
	창남이네			집은		어

원고지 쓰기를 생각하며 바르게 따라 써 보세요.

려	운		것		같	았	다	.	창
남	이	는		모	자	가		다	
해	어	져	도		새	것	으	로	
사	서		쓰	지		않	았	고	,
바	지	가		해	어	져	도		형
겊	으	로		기	워		입	고	

원고지 쓰기를 생각하며 바르게 따라 써 보세요.

다	녔	다	.		하	지	만		단
한		번	도		창	피	해	하	거
나		남	의		것	을		부	러
워	하	지		않	았	다	.		
	체	육		시	간	이		되	었
다	.	오	늘	은		올	겨	울	
들	어		가	장		추	운		날

이었다. 아이들은 추

운 날씨를 참지 못

하고 체육복 위에

웃옷을 입고 있었다.

체육 선생님께서는

아이들에게 웃옷을

벗으라고　말씀하셨다.

아이들은　무서운　체

육　선생님의　말씀에

하나둘　두꺼운　웃옷

을　벗고　체육복만

입었다. 다만　한　사

람, 장남이가　웃옷을

108

원고지 쓰기를 생각하며 바르게 따라 써 보세요.

벗지　않고　있었다.

　　"한창남,　왜　웃옷

을　안　벗니?"

　창남이의　얼굴은

푹　수그러지면서　빨

개졌다.　창남이가　그

런		행	동	을		하	는		것
은		처	음		보	았	다	.	창
남	이	는		한	참		동	안	
멈	칫	멈	칫	하	다	가		고	개
를		들	고		말	하	였	다	.
		"선	생	님	,		만	년	샤
		쓰	도		괜	찮	습	니	까 ? "

원고지 쓰기를 생각하며 바르게 따라 써 보세요.

　"무엇이라고? 만

년　샤쓰?　만년

샤쓰가　무엇이냐?"

　"맨몸　말입니다."

　체육　선생님께서는

창남이의　말에　화가

원고지 쓰기를 생각하며 바르게 따라 써 보세요.

나		뚜	벅	뚜	벅		걸	어
가	시	며		큰		소	리	로
말	씀	하	셨	다	.			
	"	웃	옷	을		벗	어	라	.	"
	창	남	이	는		웃	옷	을
벗	었	다	.	아	무		것	도
입	지		않	은		맨	몸	이	었

112

원고지 쓰기를 생각하며 바르게 따라 써 보세요.

다. 선생님께서는 　깜

짝 　놀라셨고, 　아이들

은 　깔깔 　웃었다.

　　"한창남, 　왜 　외투

　안에 　옷을 　입지

　않았니?"

원고지 쓰기를 생각하며 바르게 따라 써 보세요.

　　"없어서　못　입었

습니다."

　　그때　선생님의　무

섭던　눈에　눈물이

고였다.　그리고　아이

들의　웃음　소리도

갑자기　없어졌다.　'

원고지 쓰기를 생각하며 바르게 따라 써 보세요.

창남이네 집이 이렇게 어려웠구나.'라고 모두 생각하였다.

"창남아, 정말 샤쓰가 없니?"

선생님께서는 다정

원고지 쓰기를 생각하며 바르게 따라 써 보세요.

한		목	소	리	로		물	으	셨
다	.								
		"	오	늘	과		내	일	만
		없	습	니	다	.	모	레	는
		인	천	에		사	시	는	형
		님	이		올	라	와	서	사
		주	십	니	다	.	"		

116

원고지 쓰기를 생각하며 바르게 따라 써 보세요.

	"그	럼		웃	옷	을		다
	시		입	어	라	.		오	늘	은
	웃	옷	을		입	고		운	동
	하	도	록		해	라	.	"		
	만	년		샤	쓰	!		'	비	행
사	'		라	는		말	도		없	어

8. 동요,동시 쓰기

동시, 동요, 등을 쓸 때는 두 칸을 들여씁니다. 그러나 여기서도
이어진 글을 쓸 때는 한 칸만 들여씁니다.

예1

			거	미	의		장	난				
					글	:	유	희	윤			
		거	미		한		마	리				
		천	장	에	서		뚝		떨	어	진	다
		대	롱	대	롱		공	중	에		매	달	려
		가	슴		덜	컹	하	게		한	다	
		저		녀	석	,						

모르나 보다

저처럼 줄에 매달려
빌딩 벽을 청소하는
우리 아빠를

엉덩이가 콩알만 한
저 녀석

아빠 땀방울보다
작은 저 녀석

모르나 보다
저를 보고 놀라는 내
마음도

시, 또는 동시를 쓸 때, 이어지는 문장은 한 칸을 내써서 새로 작는 연과 구분이 가게 합니다.

거인들이 사는

나라

단 하루만이라도

어른들을 거인국으

로 보내자.

그곳에 있는 것

원고지 쓰기를 생각하며 바르게 따라 써 보세요.

	들	은		모	두		어	마	어
	마	하	게		크	겠	지	.	
	거	인	들		틈	에		끼	
	이	면		어	른	들	은		우
	리	보	다		더		작	아	
	보	일	거	야	.				
	찻	길	을		가	로	지	르	

121

원고지 쓰기를 생각하며 바르게 따라 써 보세요.

	는		횡	단	보	도	는		얼
	마	나		길	까	?			
		아	마		1	0	0	미	터	도
	넘	을		텐	데				
		신	호	등	의		파	란	불
	은		1	0	초		동	안	만

원고지 쓰기를 생각하며 바르게 따라 써 보세요.

	켜	지	겠	지	.				
	거	인	들	은		성	큼	성
	큼		앞	질	러		건	너	가
	고								
	어	른	들	은		종	종	걸
	음	으	로		뒤	따	를		텐
	데	…	…	…	.				

123

원고지 쓰기를 생각하며 바르게 따라 써 보세요.

글쎄, 온 힘을

다해 뛰어도

배가 불뚝한 어

른들은 찻길을 다

건널 수 없을걸.

절반도 채 건너

원고지 쓰기를 생각하며 바르게 따라 써 보세요.

	기		전	에		빨	간	불	로
	바	꿔	어						
		길		한	복	판	에		갇
	히	고		말		거	야	.	
		뭘		꾸	물	거	리	느	냐
	고		차	들	은		빵	빵	거
	리	고							

9. 부호 쓰기

문장 부호는 부호 하나가 한 자로 취급되어 한 칸에 하나씩 적습니다. 그러나 온점(.)과 반점(,)은 한 칸을 따로 차지하지 않습니다. 또 말 줄임표(......)는 두 칸에 걸쳐 적습니다.

온점(마침표)과 **.** 반점(쉼표) **,**

예

	이	튼	날	,	만	년		샤	쓰		창	남	이

가		교	문		근	처	에		왔	다	.	그	러

가운데점 **·**

예

	시	장	에		가	서		사	과	·	배	·	복

숭	아	·	고	추	·	마	늘		등	을		사

물음표와 **?** 느낌표 **!**

예

	"	소	영	아	!		뭐		해	?		빨	리

	청	소	하	고		집	에		가	야	지	.	오

126

쌍점 :

예

소 : 어, 나는 곤란한걸. 이
렇게 피곤한 날은 일할
수 없어. (드러눕는다.)
합창 : 게으름뱅이 소!

큰따옴표 " " 와 작은따옴표 ' '

예

"여러분 예로부터 '민심
은 천심이다' 라고 하였습
니다. "

말줄임표 ·····

예

"윤정아, 괜찮니? 어디
다친 데는 없어?"
"…… 괜찮아요."

2014개편 국어 교과서에 따른

원고지 쓰기를 겸한
글씨 바로 쓰기 4-2

초판 발행 2016 년7 월 10 일

글 편집부

펴낸이 서영희 | **펴낸곳** 와이 앤 엠

편집 임명아

제작 이윤식 | **마케팅** 강성태

주소 120-100 서울시 서대문구 홍은동 376-28

전화 (02)308-3891 | Fax (02)308-3892

E-mail yam3891@naver.com

등록 2007년 8월 29일 제312-2007-000040호

ISBN 978-89-93557-73-2   63710

본사는 출판물 윤리강령을 준수합니다.